Living Hiroshima

復興の旗

まえがき

生きていた広島

東日本大震災の東北とオーバーラップ

そのとき、広島市民は、どう生き抜いたのか

ここに1枚の旗の写真（上・78ページ参照）がある。

昭和20（１９４５）年の戦後まもなく、復興への願いを込めて焼け跡に立てられた。日常の生活を取り戻そうと、毎日を懸命に生きた広島の人々の証しだ。

昭和20年8月6日、広島に落とされた原子爆弾は、その強烈な熱線や爆風、放射線で、多くの広島市民（当時約35万人がいて、12月末までに約14万人死亡と推定）を一瞬のうちに消し去り、「死の街」に塗り替える。たった一発の爆弾によって、それまでの穏やかな日常が断ち切られてしまったのだ。

しかし市民は立ち上がっていく。そのとき、人々は、どんな苦しみに直面し、どう生き抜いたのか。

本書は、「8・6以前の広島」と「8・6以後の広島」の2つのパートで構成（１３８枚の写真）している。

「8・6以後」では、昭和20年末までの5か月間に撮影された写真（1枚除く）を紹介した。焦土と化した市街地やがれきの中に立つバラック、校舎の倒壊建物を片付ける女生徒、被爆調査の写真などは、東日本大震災の東北の町とオーバーラップする。

十分な治療が受けられずに救護所に横たわる負傷者、捜索・救援に向かう人々、路面電車線路の修復工事の写真などからは、あらためて原爆の悲惨さと復興に邁進する市民の姿がリアルに伝わってくる。

被爆から2か月後には、ビールの立ち飲み所が出来たり、映画の上映会が催されたり、復興祭りでは鉢巻き姿で俵みこしを担ぎ、餅の代わりに柿まきをしたりなど、人々の生きる強さには驚かされる。

一方、「8・6以前」の広島では、商都であり、学都であり、軍都でもあった戦前の賑やかな広島を紹介した。当時、広島有数の繁華街だった中島地区（現平和記念公園）の写真からは、人と街の息遣いが今にも聞こえてくるようだ。

本書から、原爆の残酷さと、広島市民の勁《つよ》さ、支え合い、絆など、人間の持つ可能性を感じ取ってもらえたら幸いである。

２０１２年7月

編集部　西元　俊典

＊昭和20年代初めからの復興の姿は、写真集『百二十八枚の広島』（南々社）で紹介しています。

3

昭和戦前の本通(6〜7ページ参照)

広島、1945

目次

中島尋常高等小学校の学芸会(10ページ参照)

4

2 表表紙 見返し写真

【広島商工経済会(現広島商工会議所)屋上から南西を見渡す】

被爆から2か月の10月5日、爆心地から約260mの広島商工経済会(現広島商工会議所)屋上から見た市内全景。左に産業奨励館(現原爆ドーム)が見える。原子爆弾で焦土と化し、西方の己斐の山々まで遮るものはない。相生橋東詰の建物は日赤広島支部、本川(奥)と元安川の分岐点にかかるT字形の相生橋の南詰は中島地区、本川の向こう岸は本川国民学校(現広島市立本川小学校)。パノラマ写真左半分は裏表紙の見返しに。

昭和20(1945)年10月5日/現広島商工会議所屋上から南西を見渡す

5
被爆で破壊された本通商店街（54ページ参照）

6
爆風で吹き飛ばされた市内電車（55ページ参照）

※写真そばの番号は、撮影者・所蔵先・提供先（96ページ）を示す。

141 裏表紙 見返し写真

【広島商工経済会（現広島商工会議所）屋上から東南を見渡す】

10月5日、爆心地から約260mの広島商工経済会（現広島商工会議所）屋上から見た市内全景。耐火建物の外壁だけわずかに残して、焼き尽くされた街が広がる。被爆から2か月経ち、道路のがれきは取り除かれて市内電車が走り、人が歩いている。左ページ中央は広島護国神社の大鳥居。奥に中国新聞社と福屋百貨店、その右手前に芸備銀行（現広島銀行）本店、住友銀行（現三井住友銀行）広島支店。右手前は産業奨励館（現原爆ドーム）の左端。パノラマ写真の右半分は表表紙の見返しに。
昭和20（1945）年10月／現広島商工会議所屋上から東南を見渡す

8・6以前の広島

【被爆前の相生橋と産業奨励館（現原爆ドーム）】 7

市内有数の繁華街として栄えた中島地区の北端には、昭和9（1934）年、全国でも珍しいT字形の橋が完成した。橋の東詰（写真右奥）は猿楽町の産業奨励館で、昭和19（1944）年まで広島の産業や文化の振興のために活用された。p47の写真とほぼ同角度から撮影。

昭和14（1939）年／現相生橋と原爆ドーム

Ⅰ 商都として

江戸時代に城下町として整備された広島は、中四国地方最大の交通や経済流通の要衝として発展し、明治22（1889）年には県庁所在地となって近代化が進められていく。

太田川の舟運の起点として、また西国街道沿いの町として栄えた中島地区（現平和記念公園）は、明治以降、商業施設や映画館、銀行などが建ち並ぶ広島最大の繁華街となり、大正4（1915）年には、県下の産業を奨励する目的で産業奨励館（現原爆ドーム）が造られた。

しかし、大正元（1912）年の市内電車の開通が人の流れや物流に影響を及ぼし、本通や新天地、八丁堀が新たに中四国最大の繁華街として成長していった。

【すずらん通りとも呼ばれた本通】

大正の初め頃から、新しい盛り場・新天地の隆盛と相まって本通も繁華街として整備され、すずらん状の街灯が並ぶ目抜き通りとなった。昭和16（1941）年、金属供出により、すずらん灯は取り外された。

昭和戦前／現本通電停付近

8

The street Hondohri,
通り

中島地区（現平和記念公園）

かつての中島本町、天神町、材木町、元柳町、木挽町、中島新町の6町（現在の平和記念公園）を指す。

水上・陸上交通の要衝として、問屋や商店、銀行などが軒を連ね、明治15（1882）年に広島で最初に設けられた集産場（芝居小屋や寄席、映画館などの娯楽場を中心に構成された小売店の集合体）やその後開かれた勧商場には、大勢の買い物客が詰めかけた。

中島本通りには戦前の広島の繁華街を象徴する「すずらん灯」が設置され、街並みを彩った。

中島新町には昭和3（1928）年まで市役所が置かれ、県庁や県病院も隣接する水主町（現加古町）に置かれていたことから、この地区は市政や県政の中心にもなっていた。

被爆前の中島地区は建物疎開による建物の立ち退きがあり、約1300世帯、約4400人が暮らしていた。

9

【すずらん灯が設置された中島本通り】

中島本通りから元安橋、本通を経て新天地に続く通りは、広島で最も賑わう通りとなった。大正10（1921）年には、道路が舗装されてすずらん灯が設置され、人々の人気を集めた。

昭和15（1940年）／現本川橋東詰から東方を望む

【家々が密集して建つ中島地区】 10

元安川（写真上）と本川に囲まれたこの地区は、多くの人々が暮らす市内有数の繁華な街であった。ドームのある産業奨励館は（現原爆ドーム）は写っていないが、写真の左手上方（猿楽町＝現大手町1丁目）に位置する。
大正末期（1920年代前半）／現平和記念公園

フランス
イギリス
イタリー
國防献金
ギンガミ
慰問袋
慰問品

【昭和シネマの向かいにあった人気のカフェー】

中島集産場にはカフェーが相次いで開店した。映画館昭和シネマの向かいにあった「カフェーアキヅキ」は人気の店で、ホットケーキやビフテキが評判を呼んだ。

大正末期〜昭和初期（1920年代）／中島本町（現平和記念公園）

13

12

【中島勧商場にあった映画館の高千穂館】

中島本町の北の一角には、娯楽場や遊技場を中心に小規模な商店が建ち並ぶ中島勧商場が設けられ、高千穂館と呼ばれる映画館がその中核をなした。

撮影時期不詳／中島本町（現平和記念公園）

【戦争の影響を受けた中島尋常高等小学校の学芸会】

昭和12（1937）年に始まった日中戦争は、中島尋常高等小学校（現広島市立中島小学校）の学芸会にも影響を及ぼした。あるクラスでは、日本の友好国と敵対国を、さるかに合戦の登場人物に見立てた出し物が演じられた。

昭和12（1937）年頃／当時の中島尋常高等小学校

11

14

【お遊戯会で踊る無得幼稚園の園児たち】

誓願寺境内にあった無得幼稚園では年に2回、お遊戯会が開かれた。制服代わりの白いエプロンを身に着けた園児たちが、練習した歌や踊りを一生懸命お披露目した。

昭和16（1941）年／材木町（現平和記念公園）

15

【元安川で遊ぶ子どもたち】

中島地区を囲む元安川や本川は重要な水上の交通路であったが、子どもたちにとっては泳いだり、シジミや川エビを採ったりする楽しい遊び場となっていた。写真中央奥には当時、金融街となっていた大手町筋にあった日本火災広島支店の洋風の塔が見える。

大正中期～昭和初期／現元安川

16

【元安川沿いにあった天城旅館】

中島本町から天神町にかけての元安川沿いには、旅館や高級料亭が建ち並んでいた。千坪超の敷地に60余りの部屋がある木造3階建ての天城旅館の顧客には、文人や画家、遠方からの商人たちが多かった。
撮影時期不詳／天神町（現平和記念公園）

17

【店先で足袋を宣伝するチンドン屋】

足袋と傘を商う店の前には人目を引くいでたちのチンドン屋が並び、商品の宣伝をしている。鳴り物入りで賑やかに声を響かせ、道行く人の関心を誘った。
昭和16（1941）年頃／天神町（現平和記念公園）

18

【相生橋のたもとにあった小粋な出店】

出店で注文したコーヒーやあめ湯、かき氷などを片手に、お客は木陰に置かれた長椅子で一休みした。今で言う河岸のオープンカフェである。
昭和11（1936）年／当時の相生橋のたもと

本 通

大正から昭和の初めにかけて新天地や八丁堀が賑わいを見せはじめ、元安橋東詰から新天地入り口に至る本通も、繁華街として発展していった。大正10（1921）年には、小さな明かりが数多く灯るすずらん灯が設置され、商店街や盛り場の雰囲気を一層盛り上げた。

19

【本通から新天地入り口を望む】

写真左手前は下駄や草履、和装用バッグなどを扱う「久乃せ履物店」。東方向に当たる写真中央奥が新天地入り口付近(現広島パルコ付近)。
その手前を左に折れると金座街商店街になる。
昭和10(1935)年頃/現本通1丁目

20

【老舗書店、金正堂の店内】

ハードカバーの書籍が整然と並べられた老舗書店、金正堂の店内。当時人気の月刊少年雑誌「少年倶楽部」の文字を抜いたのぼりが見える。
昭和10(1935)年／現本通3丁目

【海水着や帽子が展示された福屋百貨店の店内】

夏を前にして、洋服売り場には流行の海水着や帽子が展示され、おしゃれに敏感な客の目を楽しませた。
昭和10(1935)年／当時の福屋百貨店

21

紙屋町・八丁堀・新天地

大正元（1912）年に市内電車が開通すると、それに伴って紙屋町や八丁堀などが新しい盛り場として賑わいはじめた。
同10（1921）年、さまざまな娯楽施設が密集する新天地が誕生すると、昭和2（1927）年には新天地につながる薬研堀から流川筋にかけて東新天地も誕生した。
さらに八丁堀には歌舞伎座が落成し、同4（1929）年には広島初の百貨店、福屋が開業した。

【紙屋町交差点から南を望む】
紙屋町交差点では、宇品港と広島駅、宇品港と己斐駅を結ぶ市内電車の路線が交差する。
左手の中央タクシーから奥に向かって2つめの建物から芸備銀行（現広島銀行）本店、住友銀行（現三井住友銀行）広島支店、安田生命広島支店と並んでいる。
昭和10（1935）年／現紙屋町交差点

23

【福屋百貨店ができる前の八丁堀の賑わい】

八丁堀の電車通りには映画の常設館である帝国館（写真右）や日本館が建ち並び、見世物小屋や大道芸人も集まって、大勢の人で賑わった。通りの奥には電車も見える。帝国館は、広島では中島地区の世界館に次ぐ映画館だったが、大正９（１９２０）年頃取り壊された。跡地の西側（写真右手）には昭和13（１９３８）年、福屋百貨店新館（現福屋八丁堀店）が建てられた。

大正中期／現八丁堀から東方（広島駅方面）を望む

24

【賑わう八丁堀界隈】

昭和4（1929）年に開店した福屋（写真左）は広島で唯一の百貨店として順調に成長し、昭和13（1938）年には電車通りをはさんだ南側に、地下2階、地上8階の新館（写真右手中央＝現福屋八丁堀店）をオープンさせ、多くの人で賑わった。新館の奥は中国新聞社（現三越百貨店）。

昭和15（1940）年／現八丁堀から東を望む

25

【新天地の賑わい】

大正10(1921)年にできた新しい盛り場の新天地は発展していき、最盛期の昭和8~9(1933~34)年頃には、活動写真館や劇場、寄席、カフェー、レストランなど120~130軒前後の娯楽施設が集まっていた。写真中央は泰平館、左は新天座(劇場)。
昭和初期/現新天地

【新天地で金魚すくい】

娯楽を求め新天地に繰り出す人々を目当てに、大道芸や見世物小屋、金魚すくいなど、さまざまな興行が催された。
昭和11(1936)年/現新天地

26

市内点描

明治27（1894）年、山陽鉄道が広島まで開通し2年後に全通すると、呉線や可部線、芸備鉄道が次々に開通し、中国地方の中心都市である広島は、陸上交通の要衝として注目を浴びた。

日清戦争をきっかけに拡大していった軍需産業も好調で、市民の暮らしには明るいムードが漂い、繁華街での買い物や娯楽を楽しむ都市型のライフスタイルが広まっていった。

一方、桜の季節には名所と言われる比治山や長寿園へ大勢の人が訪れ、郊外にある近代的遊園地の楽々園では家族連れで賑わう様子も見られた。

27

【鉄筋コンクリート2階建ての広島駅】

大正11（1922）年、鉄道利用者の増加に伴い、それまでの木造の駅舎に代わって国内で初めての鉄筋コンクリート2階建ての駅舎が完成して利便性が高まり、物資や兵員の輸送に寄与した。
昭和初期／現広島駅

28

【横川駅から東を望む】

山陽鉄道の駅として開業したが、明治42（1909）年に軽便鉄道の横川～祇園間が開通し、2年後に可部まで全通したことにより、可部方面への接続駅として重要度を増した。
昭和10（1935）年／現横川駅

【広島電気(現中国電力本店)屋上から市内遠望】 29

高所から市内北西部を遠望すると、木造家屋や恒久建築物がびっしり建ち並び、街の隆盛を感じさせる。中央奥の左手のドームは産業奨励館、右手中央には白神社、その右隣には国泰寺があった。

昭和10(1935)年/現中国電力本店屋上から北西を望む

30

31

【比治山に繰り出す花見客】

満州事変から日中戦争へと至る時期だが、春には、長寿園と並ぶ桜の名所、
比治山へも大勢の見物客が押し寄せた。
写真左は昭和11(1936)年、右は昭和12(1937)年／現比治山

32

【家族連れで賑わう楽々園(開園当時)】

ゴーカートや観覧車などを備えた広島初の近代的な遊園地、楽々園が昭和11(1936)年に開園し、隣接する海水浴場と併せて、休日には大勢の家族連れで賑わうレジャースポットとなった。
昭和11(1936)年／現佐伯区楽々園

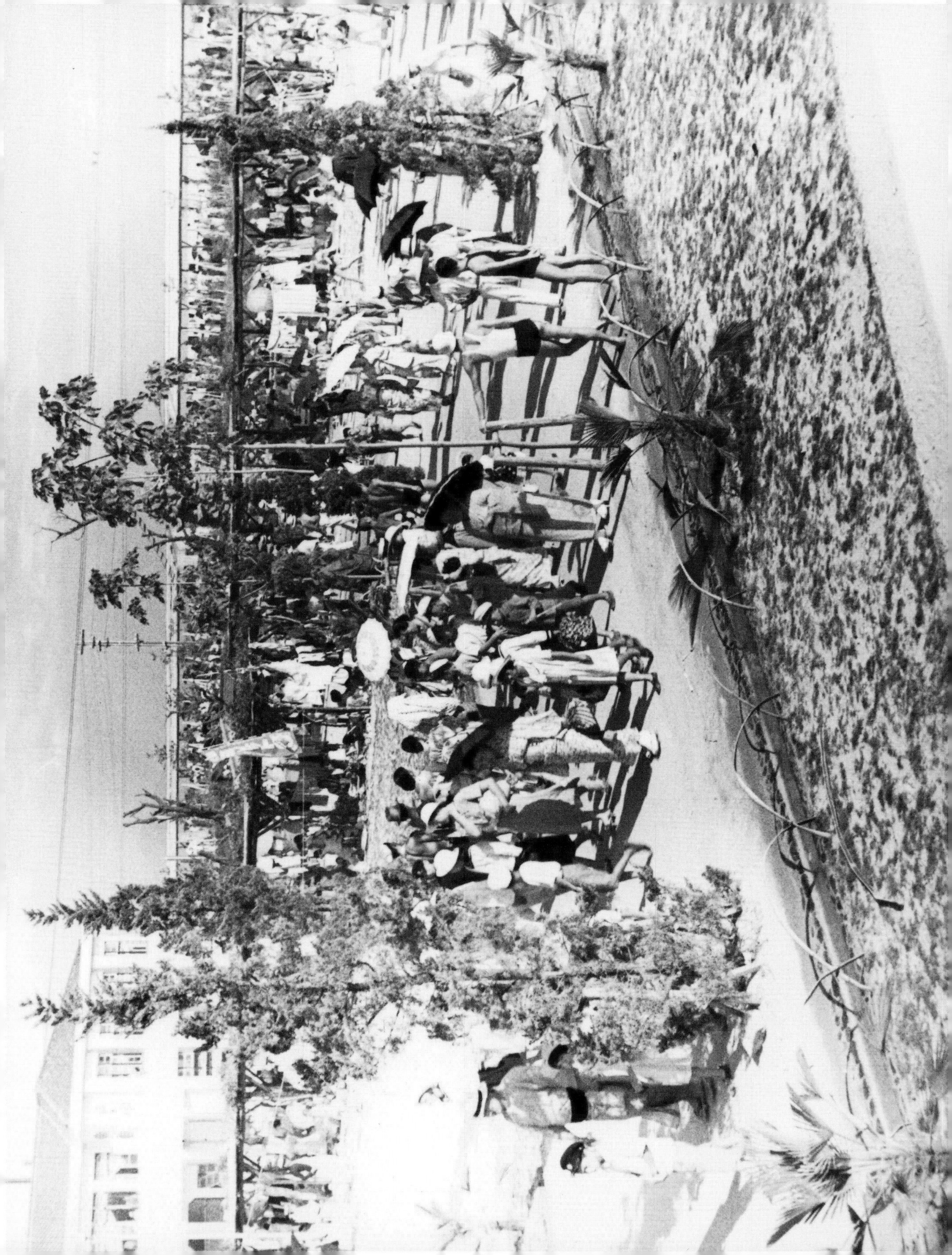

【東練兵場（現光町）でハイキング】

広島駅の北側にあった東練兵場には草花が生え、演習の行われていない時は子どもたちや家族連れが散策する様子も見られた。写真左端中央には国前寺の屋根が見える。

昭和12（１９３７）年／現光町

33

【住宅が増えてきた皆実新開】

日清戦争以降、兵站基地として重要な役割を担ってきた広島では、都市部の人口増加も加わって商品作物の需要が増した。昭和初期に区画整理が行われた皆実新開では大麦や蔬菜類が栽培されていたが、住宅も増えてきた。

昭和11(1936)年／現皆実町

35

36

【東洋工業の三輪トラック走行テスト】

大正中期以降の近代工業の発展はめざましく、日本製鋼所や帝国人造絹糸などが相次いで工場を開設した。大正5(1916)年設立の東洋コルク工業は昭和2(1927)年に東洋工業(株)と改称し、自動三輪車、削岩機などを製造した。

昭和10(1935)年頃／現マツダ

34

【広島城から北方を望む】

広島市の都市人口の増加に伴い、近郊の農地は減り住宅が増えてきた。手前の大きな建物は陸軍幼年学校と思われる。中央やや右奥は、現安佐南区にある武田山。

昭和11(1936)年／現広島城から北方を望む

Ⅱ 学都として

日清戦争を機に軍都として発展していく広島には、それに呼応するように明治35（1902）年東京に次いで、官立の中等学校男子教員養成機関である、広島高等師範学校（昭和4年に広島文理科大学の附置校となる）が、現在の千田町に開校した。

大正9（1920）年には旧制広島高等工業学校（昭和19年広島工業専門学校に改称、現広島大学工学部の構成母体）、大正12（1923）年には旧制広島高等学校（現広島大学総合科学部の構成母体）、

昭和4（1929）年には県下で最初の大学である旧制広島文理科大学（現広島大学文学部・理学部・教育学部の構成母体）が設立された。

また、広島高等女学校（のちに山中高等女学校→官立広島女子高等師範学校）をはじめとする多数の私学も設けられ、広島は学都としての顔も持つようになった。

肉体と精神を鍛錬するため、学校教育には野球、蹴球（サッカー）、水泳などが取り入れられ、やがて国内有数のスポーツ王国といわれるようになっていった。

【師走の夜に本通りを闊歩する旧制広島高等学校の生徒たち】

「年の市」ののぼりが掲げられた夜の本通商店街を闊歩する旧制広島高等学校（現広島大学総合科学部の構成母体）の生徒たち。白線入りの学生帽、マント、高下駄というバンカラスタイルは当時、旧制高等学校の生徒たちの間で流行した。

昭和戦前／現本通

37

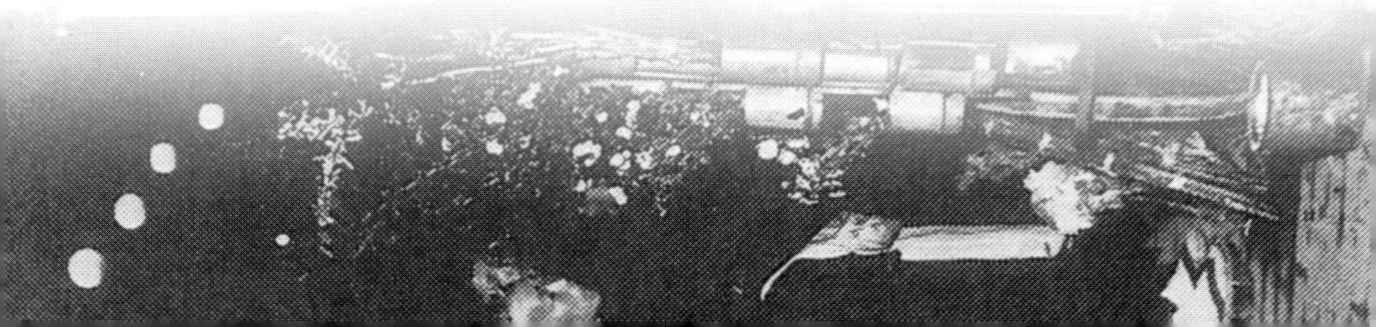

年の市
年の市

38

【果物店の前の生徒たち】

放課後だろうか。果物店で買い物をする中学生とおぼしき女生徒たちの傍を通り過ぎていく男子生徒たち。日中戦争の始まる2年前。生徒たちには穏やかな日常が訪れていた。

昭和10(1935)年／広島市内

39

【旧制広島文理科大学の学生たちがテニスで対戦】

昭和4(1929)年に広島県下で最初の大学として設置された旧制広島文理科大学の本館前にあったテニスコートで、学生たちが楽しそうに試合を行っている。

昭和戦前／現広島大学東千田キャンパス旧理学部付近

40

【全国優勝した広商野球チームを大歓迎】

昭和5(1930)年、夏の全国中等学校野球大会で2年連続優勝を果たし帰広した県立広島商業学校(現県立広島商業高等学校)野球チームを、大勢の市民が熱狂的に出迎えた。駅舎の上にも人が鈴なり。

昭和5(1930)年／現広島駅

【旧制広島高等学校講堂前の生徒たち】 43

大正13(1924)年に創立された旧制広島高等学校(現広島大学)の卒業生は約4800人。これから競技に臨むところか。応援団とともに、ロマネスク復古様式を取り入れた講堂前で記念撮影する生徒たち。

昭和10(1935)年／現広島大学附属中学校・高等学校

【県立広島第二中学校にできた県内唯一の50m公認プール】 41

昭和8(1933)年、戦前では県内唯一の50m公認プールが県立広島第二中学校(現県立広島観音高等学校)に完成し、さまざまな水泳競技が行われた。

昭和戦前／現県立広島観音高等学校

【県立広島第一中学校蹴球(サッカー)チームが全国優勝】 42

県立広島第一中学校(現県立広島国泰寺高等学校)の蹴球部は、神戸高等学校主催の全国中等大会でのべ4度の優勝を飾った。写真は大正10(1921)年に優勝したときのもの。

大正10(1921)年／場所不明

【福屋旧館屋上の旧制広島高等学校生徒】 46

市内で最高の眺めを求めて上がったものか。この年は、旧制広島高等学校（現広島大学）の創立10周年。

昭和8（1933）年／当時の福屋百貨店

【サッカー　広電蹴球部VS高師戦】 44

広島のサッカーの歴史は古く、明治末期から大正初期にかけて広島高等師範学校（昭和24〈1949〉年広島大学に包括され、同27〈1952〉年に廃止）や広島県師範学校（昭和24〈1949〉年広島大学に包括され、同26〈1951〉年に廃止）などに蹴球部が設けられ、サッカー熱は高まっていった。写真は対戦した広電蹴球部と広島高等師範学校の蹴球部員たち。

昭和12（1937）年／当時の広島高等師範学校グラウンド

【広島一中運動会のリレー】 45

日中戦争の始まる9か月前、広島県立広島第一中学校（現県立広島国泰寺高等学校）の運動会で行われたリレー競技の様子。

昭和11（1936）年／現県立広島国泰寺高等学校グラウンド

47

【運動会でダンスを披露する山中高女の生徒たち】

山中高等女学校は昭和20（１９４５）年４月、広島女子高等師範学校附属山中高等女学校に引き継がれた。同24（１９４９）年には広島大学に包括され広島大学広島女子高等師範学校と改称し、同26〜27（１９５１〜52）年に廃校となった。

昭和17（１９４２）年／当時の山中高等女学校

48

【階段教室で授業を受ける広島女学院高女の生徒たち】

大正・昭和戦前期には女子に対して中等教育を行う教育機関も発展し、昭和10（１９３５）年頃には高等女学校・実科高等女学校（家政に関する教科を主に学ぶ）は50校近くになり、生徒数は約１５８００人に上った。写真は昭和19（１９４４）年、広い階段教室で授業を受ける広島女学院高等女学校（現広島女学院中学高等学校）の生徒たち。

昭和19（１９４４）年／現広島女学院中学高等学校

49

【調理実習を行う広島女学院高女の生徒たち】

広島女学院は明治20（１８８７）年、県内初の女学校（当初の校名は私立英和女学校、現広島女学院中学高等学校）としてスタートし、周囲の人々や社会に貢献できる女性の育成をめざして教育が行われた。写真は、戦争の激化で食糧事情が悪い中でも続けられた調理実習の様子。

昭和19（１９４４）年／現広島女学院中学高等学校

Ⅲ 軍都として

近代化の波にのった広島には、明治22（1889）年、商業の振興を目的に宇品港が築造された。だが同27（1894）年、日清戦争が勃発すると、広島駅〜宇品間には仮設軍用鉄道が開通、宇品港は中国大陸への兵員・物資輸送の拠点となり、広島は国内随一の軍都として注目されるようになった。

同年9月、明治天皇は旧広島城内第五師団司令部に、戦争を指揮する最高司令機関である大本営を設置。

明治の新兵制のもとで同8（1875）年に設置されていた西練兵場（現広島県庁付近。東練兵場は同23〈1890〉年、現光町・尾長町付近に設置）には仮議事堂が設けられて臨時帝国議会が開かれた。

市内にはその後も陸軍運輸部、兵器・被服・糧秣の3支廠などの軍事施設が次々に増設され、軍用地面積は日清戦争前に比べ倍増した。

こうした軍事機能の集積や出征部隊の集結による人口増加、大量の軍需品の地元調達などにより地場産業が栄え、広島の軍都化は加速していった。

【東練兵場の九一式戦闘機】 50
東練兵場に並ぶ九一式戦闘機。企業や一般の人が国防献金として集めたお金を軍に差し出して献納した。この付近には騎兵第五連隊などの軍施設も置かれていた。
昭和10（1935）年／現光町・尾長町付近

【中島地区の旅館前に並んだ出征兵士たち】
商都の繁華街にあった旅館は、かつて商人たちで賑わったが、戦争の拡大・進行と共に、大陸へ出兵する兵士たちの宿泊施設となっていった。大勢の出征兵に対応するため、同地区内にあった当時広島で1、2の大きさを争う誓願寺なども宿泊所となった。
昭和19（1944）年／元柳町（現平和記念公園） 51

【東練兵場上空から南を望む】

広島には第五師団直属の歩兵、砲兵、工兵、輜重<しちょう>兵（食料や被服、武器、弾薬などの輸送に関わる）、騎兵、憲兵など各部隊の兵営が置かれ、明治23（1890）年に、広島駅北口の尾長村・大須賀村に設置された約21万6700坪の東練兵場では、教練や演習などが行われた。同8（1875）年には、広島城三の丸に約9万坪の西練兵場（現広島県庁、広島そごう付近）が造られている。中央を流れているのは京橋川。

大正時代／現光町・尾長町付近から南方を望む

52

【広島電気（現中国電力本店）前を行進する第五師団出征兵】 53

昭和6（1931）年の満州事変の勃発以降、日本国内には軍国主義の機運が漂いはじめる。軍都広島の宇品港は大陸への関東軍（満州に駐屯した日本陸軍部隊）の兵站輸送の拠点となり、第五師団の兵士たちも続々と送りこまれた。第五師団は明治21（1888）年に創設され、同30（1897）年に、歩兵4連隊、騎兵・砲兵の2連隊、工兵・輜重兵の2大隊を指揮する師団として整備された。

昭和11（1936）年／現中国電力本店前

54

【宇品港から戦地に向かう騎兵第五連隊】

昭和6（1931）年の満州事変によって日中関係は悪化。翌年には上海付近で日本軍と中国軍の武力衝突が起こり（上海事変）、広島に置かれていた陸軍第五師団の騎兵第五連隊も動員され、宇品港から中国大陸へ出征していった。

昭和7（1932）年／現広島港

55

【戦時の軍用輸送基地となった宇品港】

広島県令（知事）千田貞暁は、広島の発展のために本格的な海港を造る必要性を痛感し、企画から9年の歳月を経た明治22（1889）年、宇品港を完成させた。日清戦争を機に、大陸への軍用輸送基地となった同港は戦時の重要港となり、陸軍の輸送補給を担当する陸軍運輸部も置かれ、多くの兵士がここから戦地へ派遣された。

大正時代／現広島港

Ⅳ 銃後の支え

昭和6(1931)年の満州事変を発端に、戦争は拡大・長期化していった。日中戦争から総力戦体制が敷かれ、同13(1938)年には「国家総動員法」が公布されて国の人的・物的資源すべてが政府の統制下に置かれることになった。

戦争が激化するにつれ、政府は国民の戦意高揚を図るため、有事に備えたさまざまな活動を行った。

同12(1937)年には防空法が定められ、地域の警防団や職場の防空組織で防空演習が実施された。

同18(1943)年には「都市疎開要綱」が決定され、広島でも133か所が建物疎開の対象となり、民家を解体して住民の強制立ち退きを進め、防火帯を作っていった。これには学徒のほか、市内および周辺町村の住民が組織する国民義勇隊が多数動員された。

この頃、学童疎開もすすめられ、広島でも同20(1945)年3月から、県北の寺院などへの集団疎開や、縁故先を頼る個人疎開が始まった。

【西練兵場でバケツを持って消火訓練】 56

西練兵場で行われた広島県主催の防空演習。防空展覧会の一環として行われたバケツリレーによる消火訓練には、中島地区代表の天神町家庭防衛隊などが参加した。女性たちで組織する婦人会は、出征や軍需工場の労働などで次第に男手が減っていくと隣組に吸収され、地域の大部分の活動を担うようになっていった。

昭和13(1938)年／現広島県庁付近

【空襲に備えて建物疎開作業に当たる】 57

広島には多数の軍事施設や軍需工場などがあり防空上重要都市とされていたため、空襲による延焼を防ぐための防火帯が必要であった。そのため中心部では大勢の生徒や国民義勇隊が動員され、連日のように建物の取り壊しが行われた。市内および周辺町村の住民が地域や職場ごとに組織する国民義勇隊は、その多くが40代以上の男性や女性で構成された。

昭和20(1945)年頃／現平和大通り　当時の竹屋町付近

【早婚の奨励で産めよ増やせよ】 58

女性は戦力や労働力の人的供給源とみなされ、21歳（男性は25歳）までに結婚し、5人以上の子どもを設けることが目標とされた。子どもを10人以上育てた家庭は「子宝部隊」として、表彰された。

昭和14（1939）年／場所不明

【校庭で畑作りの勤労奉仕】 59

戦争が激化する中、広島でも昭和15（1940）年から米の配給が始まり、その後、他の食料や衣料・薬なども配給制となっていったが、それらも次第に滞りがちになり、食糧事情は悪化の一途をたどっていった。幟町国民学校（現広島市立幟町小学校）では農作物を作るため、校庭を畑に変える勤労奉仕に子どもたちも駆り出された。

昭和20（1945）年／現広島市立幟町小学校

60

【幟町国民学校の昼食の様子】

戦況が悪化する中、食糧をはじめとする生活物資は不足していき人々の生活は困窮した。生徒たちが学校に持参する弁当は、わずかな米にいもや大豆、大根などを混ぜて炊いた混ぜご飯を詰めたものだった。姿勢を正して、手を合わせているのが印象的。　昭和19（1944）年／現広島市立幟町小学校

V 学徒動員

戦争が拡大する中、農村や軍需工場での労働力不足を補うため、昭和13（1938）年に学徒の数日間の勤労作業が始まり、同16（1941）年には、学徒を学年や学校単位で動員できる「学校報国隊」が結成された。同18（1943）年以降は、大学生が学徒出陣として戦地へ送られるようになった。

同19（1944）年には「決戦非常措置要綱に基づく学徒動員実施要綱」により、国民学校（現在の小学校）高等科に在籍する12～14歳の児童や、中等学校（中学校・高等女学校・実業学校）に通学する12～16歳の生徒は、年間を通して勤労作業に動員されるようになった。

同時に学校自体が工場となる学校工場化も推進され、軍事物資や食糧の補給・輸送を担う兵站基地となっていた広島でも、航空機用部品鋳型製作、ミシン針製作、旋盤作業、砲弾信管仕上げなどに、学徒が常時駆り出されるようになっていく。

同年5月には、県内工場労働者の約4分の1を動員された学徒が占めたと言われている。

61

【県立広島第一高等女学校（現県立広島皆実高等学校）の学徒隊章】

62

【悲愴な覚悟の旧制広島高等学校生初の学徒出陣】

戦局悪化により昭和18（1943）年10月に「在学徴集延期臨時特例」が公布され、高等教育機関に在学する学生生徒の徴集延期が停止され、文系の学生を中心に徴兵適齢に達した者が徴兵検査ののち、同年12月に一斉に入隊することになった。旧制広島高等学校（昭和24年広島大学に包括され同25年廃校）では初の学徒出陣で18人を送り出すに当たって、同年11月15日早朝、全校生徒・職員による壮行式が行われた。

昭和18（1943）年11月15日／現広島大学附属中・高等学校グラウンド

悲愴な覚悟の顔

【工場に勤労動員される女学生たち】 63

勤労動員され、広島の軍需工場に向かう三次高等女学校（現広島県立三次高等学校の構成母体）の生徒たち。規模の大きな工場には、市内だけでなく遠方の学徒も動員された。寮に寝泊まりして昼夜交代制の仕事をする生徒たちの栄養状態は劣悪で、健康を害する者が続出した。

昭和19（1944）年／当時の三次駅

【広島女学院高女生の勤労作業】

食糧確保のために畑をつくるのだろうか。ブルマー姿で牛田山の斜面の草を刈る勤労作業にいそしむ広島女学院高等女学校（現広島女学院中学高等学校）の生徒たち。

昭和19（1944）年／現広島女学院大学キャンパス

【スカートをもんぺにはき替えて】 65

戦局の悪化に伴い学校の授業は大幅にカットされ、生徒たちは学校に籍を置いたまま軍需工場などに勤労動員されるようになった。女学生もスカートに替えてもんぺをはき、工場で働いた。

昭和19（1944）年／場所不明

【軍需工場化する実習】 66

昭和19（1944）年頃には、実習内容は兵器の製造となり軍需工場化していく。県立広島工業学校（現県立広島工業高等学校）では、この年、全校学徒動員で軍需工場に赴くことになる。

昭和19（1944）年／現県立広島工業高等学校

【動員先で行われた卒業式】 67

戦時中の卒業式は各学校のほか、動員先でも行われた。安田高等女学校（現安田女子中学校・高等学校）の生徒たちは、動員先の興亜密針針製作所（横川町）の中で卒業式を迎えた。学徒は卒業後も特別な事情がない限り、動員を継続するためにつくられた専攻科などに進み働いた。

昭和20（1945）年／当時の興亜密針針製作所

8・6以後の広島

68

【被爆直後の相生橋と産業奨励館（原爆ドーム）】

相生橋は形が珍しいT字であったため、原爆投下の目標になったと言われている。原爆は相生橋の南東約300mにある島病院の上空で炸裂。橋の厚さ30cmの床は、川面に当たった爆風がはね返って持ち上げられた。爆心地から北西約160mで被爆した産業奨励館はほぼ真上からの爆風により大破したが、辛うじて倒壊を免れた。p4～5の写真とほぼ同角度から撮影。

昭和20（1945）年／現相生橋と原爆ドーム

Ⅵ 被爆の実相

昭和20(1945)年8月6日午前8時15分、米国のB29爆撃機エノラ・ゲイから投下された原子爆弾リトル・ボーイが、原爆ドーム近くに位置する島病院の上空約600mで炸裂、直後には直径280mほどの巨大な火球となった。

この原爆には約50kgのウラン235が詰められていたとされるが、うち1kgにも満たないものが瞬間的に核分裂を繰り返し、巨大なエネルギーが一度に放出された。そして、爆発の瞬間には強烈な放射線と熱線、猛烈な爆風をもたらした。

爆心地周辺の地表面の温度は、3千～4千℃に達したと推定されている。市内各所では火の手が上がり街は炎上し、激しい火事嵐や竜巻が発生した。

爆発の直後には、大気の急激な変化で巨大な原子雲(きのこ雲)も発生。上昇気流に吹き上げられて高度約1万7千mまで立ち上り、原爆投下20～30分後からは多量の放射能を帯びた黒い大粒の雨を、市北西部に1～2時間降らせた。

69

【爆心地付近から北西を望む】
外壁のみ残る少数の耐火建物のほかは、見渡す限り一面の焼け跡が広がっている。写真左奥から広島郵便局の鉄塔、産業奨励館（現原爆ドーム）、広島県商工経済会、広島護国神社の大鳥居。手前は細工町から猿楽町一
昭和20（1945）年／現大手町1丁目付近から北西を望む

【きのこ雲】 70

原子爆弾炸裂の直後、大気の急激な変化により、巨大な雲が市中心部に垂れ下がり、中心から白い煙のような柱が上昇していき、やがて1万7千mに達した。このきのこ雲は県内各地から目撃され、オレンジやピンクなどに染まっていたとされる。広島に投下された原子爆弾は長さ約3m、重さ約4tで、当初の計画より短い設計になったため「リトル・ボーイ」と呼ばれた。爆弾に付けられた高度感知レーダーにより、効果が最大に出る高度で爆発するよう設計され、爆発後は高性能火薬1万6千tに匹敵する巨大なエネルギーが一度に放出された。
昭和20(1945)年8月6日

71

【炎上する広島市街】
被爆直後には市内各所から火の手が上がり、街全体が瞬く間に炎に包まれた。写真は8月6日、爆心地から4kmの宇品町にあった陸軍船舶練習本部の3階から撮影されたもの。
昭和20（1945）年8月6日／現宇品から北西を望む

73

【被災した中国軍管区司令部防空作戦室の入り口付近】
広島城本丸の半地下にあった中国軍管区司令部防空作戦室には、比治山高等女学校（現比治山女子中学・高等学校）の生徒が学徒通信隊として動員されていた。ここで被爆した当時14歳の生徒が、壊滅した広島の様子を福山へ連絡したのが、広島からの第一報と言われている。
昭和20（1945）年11月頃／現広島城付近

【被爆2週間後の産業奨励館】
爆心地にごく近い広島県産業奨励館は原爆投下で大破全焼し、建物の中にいた人々は全て即死した。爆風がほぼ真上から当たったため、倒壊を免れ、ドームの鉄枠が残った。
昭和20（1945）年8月20日／現原爆ドーム

72

一瞬で死の街に

原爆投下時、屋外での建物疎開作業に動員されていた国民義勇隊や中学校・高等女学校の生徒たちなど多くの人々が犠牲となった。当日動員された学徒8千人以上のうち、約7千2百人が亡くなっている。

原爆による死亡者数は正確には把握されていないが、当時約35万人が在住していたとされる市内は、被爆により8万人とも13万人ともいわれる状態になった。昭和20（1945）年の終わりまでには約14万人が死亡したと推計されている。

爆心地から半径1.5～2kmまでの区域では木造の建物はほぼ全壊全焼、2～3kmの区域ではほぼ半壊半焼した。全壊を免れたコンクリート建物もほとんどが外壁だけを残して内部は焼き尽くされた。被災戸数は6万7860戸とされる。

74

【煙がくすぶる被爆翌日の市内中心部】
被爆により火災が市内各所で発生した。炎は街を走り、被爆当日の10時頃から14～15時頃をピークに終日燃え続け、爆心地から半径2km以内のほとんどの建物は跡形もなく焼き尽くされた。火災の終息には3日を要した。写真中央奥右寄りに産業奨励館（現原爆ドーム）が見える。爆心地から490m。
昭和20（1945）年8月7日／現本通から西方を見る

【玄関部分が残る中島本通りの商事会社】 75

爆心地近くの中島本通りに面して建っていた藤井商事。建物は玄関部分だけが残り、爆風を正面から受けた屋根は破壊され、壁は倒壊した。
昭和20（1945）年／現平和記念公園

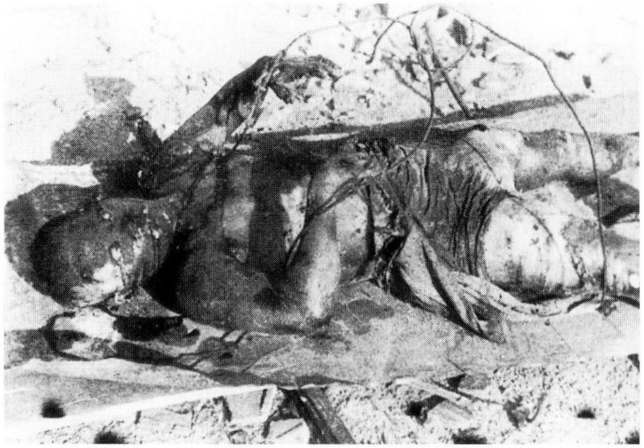

【眼球が飛び出し焼け焦げた兵士の遺体】

原子爆弾は、一瞬にして多くの尊い命を奪った。強烈な爆風により急激に気圧の変化が起こったため、損傷の激しい遺体も多かった。爆心地から500m。
昭和20（1945）年8月10日／現広島城付近

76

77

【爆風と火災で破壊された本通商店街】

大勢の人が行き交う市内屈指の繁華街であった本通商店街は、強烈な爆風と火災によって破壊され、鉄筋コンクリート造の建物の外壁がわずかに残るだけとなった。

爆心地から650m。

昭和20（1945）年10月／現本通パルコ付近から西を望む

78

【爆心地近くの本川国民学校】

市内の公立小学校としては初めての鉄筋コンクリート造3階建ての校舎は、骨格のみ残して全焼した。学校長ほか教員十数人、残留児童約400人が亡くなった。

爆心地から約350m。

昭和20(1945)年／現広島市立本川小学校

【電車専用鉄橋の線路が爆風で曲がる】

電車専用の鉄橋である稲荷橋の線路が爆風で曲がっている。京橋川向かい側が稲荷町、土手町（松山町）、右手奥は比治山北端。爆心地から1.4km。

昭和20（1945）年8月下旬／現稲荷大橋

80

81

【外郭のみが残った広島文理科大学本館】

被爆により、爆心地から1.42kmの地点にあった鉄筋コンクリート造3階建ての広島文理科大学本館（現広島大学旧理学部1号館）は、外郭だけを残して内部を焼失した。学生と教員の大半は軍需工場などへ動員されていたが、一部の学生や留学生などが被爆した。

昭和20（1945）年末頃／現広島大学東千田キャンパス旧理学部付近

【爆風で吹き飛ばされた市内電車】

被爆から3日後、爆心地から約730mにあった中国配電（現中国電力本店）付近では、強烈な爆風に市内電車が吹き飛ばされ、軌道からはずれていた。広島電鉄では211人が死亡し、電車も全車両123台のうち108台が被害を受けた。写真奥は現鷹野橋電停方面。爆心地から約730m。

昭和20（1945）年8月9日／現中国電力本店前から南方を望む

79

【爆風に耐え外郭が残った流川教会礼拝堂】
被爆した日本キリスト教団広島流川教会礼拝堂。中央奥の黒っぽい建物は、広島中央放送局。上流川町付近を望む。爆心地から900m。
昭和20(1945)年8月12日／現上幟町

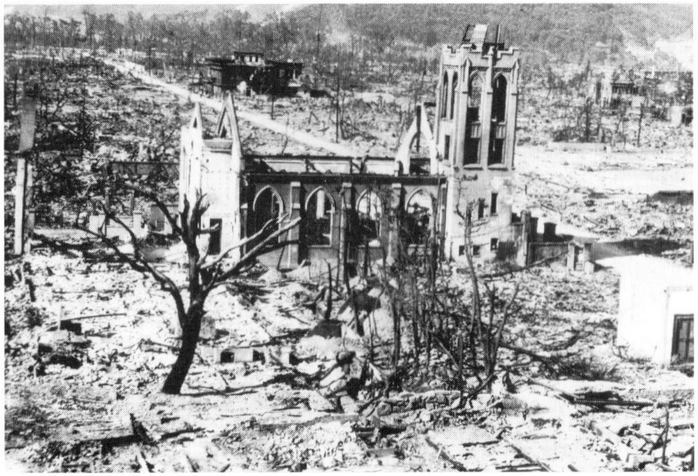

83

82

【内部が焼失した福屋百貨店付近】
爆心地から東へ約710mの胡町付近。左の建物は福屋旧館、右は福屋新館。周辺の木造家屋は瞬時に倒壊し、鉄筋コンクリート造で半壊した建物もあったが、福屋は倒壊を免れた。しかし火災で建物内部は完全に焼失し、外郭のみが残された。
昭和20(1945)年8月／現胡町付近

【火災を免れた段原の家並み】
比治山の東側に位置する段原地区は、爆風による被害は生じたものの火災は免れ、戦前からの家並みはそのまま残った。爆心地から3km。
昭和20(1945)年10月6～11日／現段原2～3丁目付近

84

85

【屋根が抜け落ちた広島駅】

爆心地から約１・９km離れていた広島駅でも待合室は倒壊、駅舎の屋根は抜け落ち、火災によって内部は全焼した。後日、焼け跡からは待ち合わせ中の陸軍幼年学校の生徒約20人を含む78人の遺体が見つかった。駅職員９２６人中、11人が死亡し、２０１人が重軽傷を負った。

昭和20（１９４５）年10月／現広島駅

Ⅷ 救援・救護・捜索

街が壊滅し大混乱に陥る中、生き残った軍関係者や医師らが中心となり、被爆直後から負傷者の救援・救護を行った。救援活動などの指揮をとる県防空本部は翌朝、市中心部の東警察署に設けられ、その後の活動の拠点となった。焼け残った耐火建物や学校などが臨時救護所となり、被災者が次々と収容された。外郭だけ残った福屋百貨店は、8月17日からは原爆症の症状の血便などを赤痢と診断された患者の臨時伝染病病院として約1か月間使用された。内部が焼失した広島赤十字病院（現広島赤十字・原爆病院）にも負傷者があふれ、薬品が不足する中、生き延びた医師らが不眠不休で救護活動を行った。行方不明となった子どもや肉親の消息を尋ねて、人々は廃墟となった街を捜し歩き、焼け野原には、家族等への伝言が書かれた板切れが立てられた。救護所では収容者名簿を張り出したり、名札を負傷者に取り付けるなどして、情報の提供に力を尽くした。

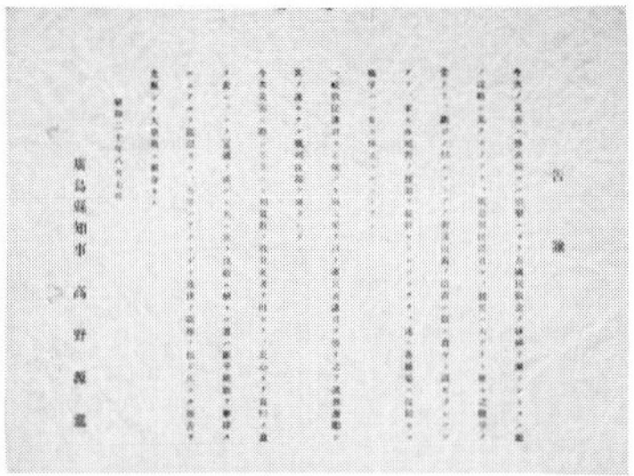

86

【被爆の翌日出された、広島県知事告諭】

8月7日、「被害は大きいが、それが戦争である。戦争は1日も休止することはない。おごった敵を撃ち砕くことを肝に銘じよ」という知事の告諭が被災した市民に向けて出され、市内の至る所に掲示された。
昭和20（1945）年8月7日

87

【島病院の消息を求める伝言板】

島病院の真上で原爆は炸裂して、一瞬のうちに入院患者や病院関係者は亡くなった。当日、手術のため広島市を離れていた島薫院長は、関係者の消息を求めて病院跡に伝言板を立てた。
昭和20（1945）年10月／現大手町1丁目

【被災した少女を介抱する救援隊員】

トラックの荷台に横たわる少女に握り飯を食べさせようとする救援隊員。救護所に収容しきれない負傷者は、トラック、列車、船などで遠くの市町村に搬送された。

昭和20（1945）年8月10日／現胡町

88

89

【罹災証明を書く宇品警察署巡査】

8月6日の夕方には、非常用の乾パンがもらえる罹災証明が、宇品警察から交付された。署員が被爆した人々の目の前で証明書を書いている。

昭和20（1945）年8月6日／現皆実町6丁目付近

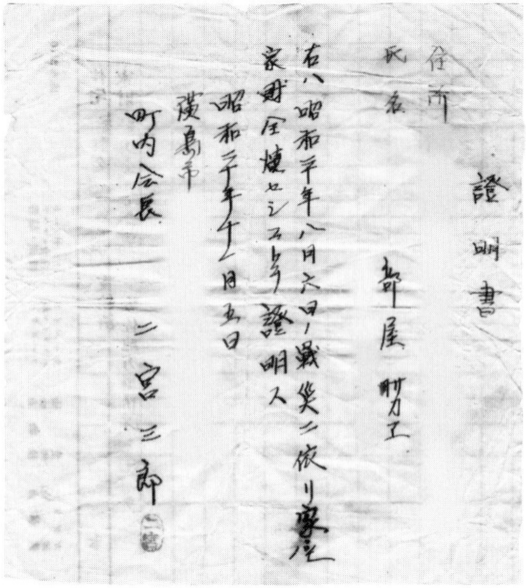

證明書

住所

氏名　部屋　助力工

右ハ昭和二十年八月六日ノ戦災ニ依リ家屋家財全焼セシコトヲ證明ス

昭和二十年十一月五日

廣島市

町内会長　二宮三郎

90

【罹災証明書】

昭和20（1945）年11月5日

91

【負傷者をトラックで市外に運ぶ】

被爆当日、座布団を敷いただけの荷台に負傷者を横たえて走行するトラック。

昭和20（1945）年8月6日／現安古市

92

【救援や捜索のため、人々が続々とやってきた】

被爆から3日後の紙屋町付近。周辺町村や隣県、兵庫・大阪などからも救援・救護隊が市内に入り、がれきの除去や負傷者の搬送・救護、死体の収容・火葬などに当たった。中央に見えるのは左から芸備銀行（現広島銀行）本店、その隣は住友銀行（現三井住友銀行）広島支店。爆心地から260m。

昭和20（1945）年8月9日／現紙屋町付近

【収容者名簿で肉親の名前を探す人々】 93

被爆から6日後、臨時救護所の壁に張り出された収容者名簿。人々がその前に集まり、一生懸命、肉親や知人の名前を見つけ出そうとしている。爆心地から260m。
昭和20(1945)年8月12日頃／現紙屋町付近

94

【負傷者たちを救護班が治療する】

被爆した人々の救護や治療は被爆直後から行われた。被害が比較的に軽かった陸軍船舶司令部所属部隊（通称「暁部隊」）を中心にして県内外から派遣された救護班が、被災者の救護や治療をした。写真は８月７日の様子。爆心地から１・７ｋｍ。

昭和20（１９４５）年８月７日／現横川町付近

【多勢の重傷者を懸命に看護する】

救護活動には、かろうじて生き残った医師や看護師のほか、地域の婦人会や警防団なども参加した。市内を捜し回り肉親を見つけ出した家族も付きっきりで看病した。

昭和20（1945）年8月7日／現基町

95

【救護所に収容された人々】

生き残った被爆者は、治療を求めて病院や救護所に詰めかけた。昭和20（1945）年末までに約14万人が原爆で亡くなった。救護所となった第一国民学校（現広島市立段原中学校）にて。爆心地から2・6km。

昭和20（1945）年8月／現段原山崎町

96

【爆心地から600mで被爆した学生の制服】 97

中島新町（現平和記念公園）で建物疎開作業に当たっていた時に被爆した学徒の制服。原子爆弾の閃光を浴び、焼け焦げてボロボロになっている。

昭和20（1945）年8月6日／現平和記念公園

【大火傷をして苦しむ子ども】 98

救護所となった第一国民学校（現広島市立段原中学校）に収容された重傷者は激しい火傷や外傷に苦しみ、瀕死の状態に置かれた。医薬品はすぐに底をつき、できるのは、赤チンや食用油を塗るだけの処置のみだった。

昭和20（1945）年8月／現段原山崎町

99

【臨時の救護所となった第一国民学校】

爆心地から2.6kmにあった第一国民学校（現広島市立段原中学校）は火災を免れ、講堂と工業教室が臨時の救護所として10月上旬まで使われた。ここには次々と負傷者が運ばれ、人であふれていた。

昭和20（1945）年／現段原山崎町

100

【竹やぶに蚊帳を吊って臨時の救護所に】

爆心地から2kmにあった広島第二陸軍病院三滝分院は全壊したが、周りの竹やぶに蚊帳を吊って臨時の救護所がつくられ、避難してきた被災者が収容された。三滝山のふもとや山手川の河原では死者を火葬する煙が絶えなかった。

昭和20(1945)年／現打越町

【太田川河岸にできた仮設救護所】

病院や空襲に備えて設けられていた救護所は壊滅状態で機能せず、治療は焼け残った建物、橋のたもと、河原など負傷者が集まった場所で行われ、そこがそのまま臨時の救護所となることが多かった。爆心地から1.15km。

昭和20(1945)年8月8日／現基町

101

【臨時救護所の片隅で毛布にくるまる被爆者】

102

臨時救護所となった教室の片隅に横たわる被爆者。医薬品は絶対的に不足し、初めての大量の放射線被害に対する情報も得られなかったため、医師は治療を求めてやってきた被爆者に、効果的な治療を施すことができなかった。

昭和20(1945)年10月11日／場所不明

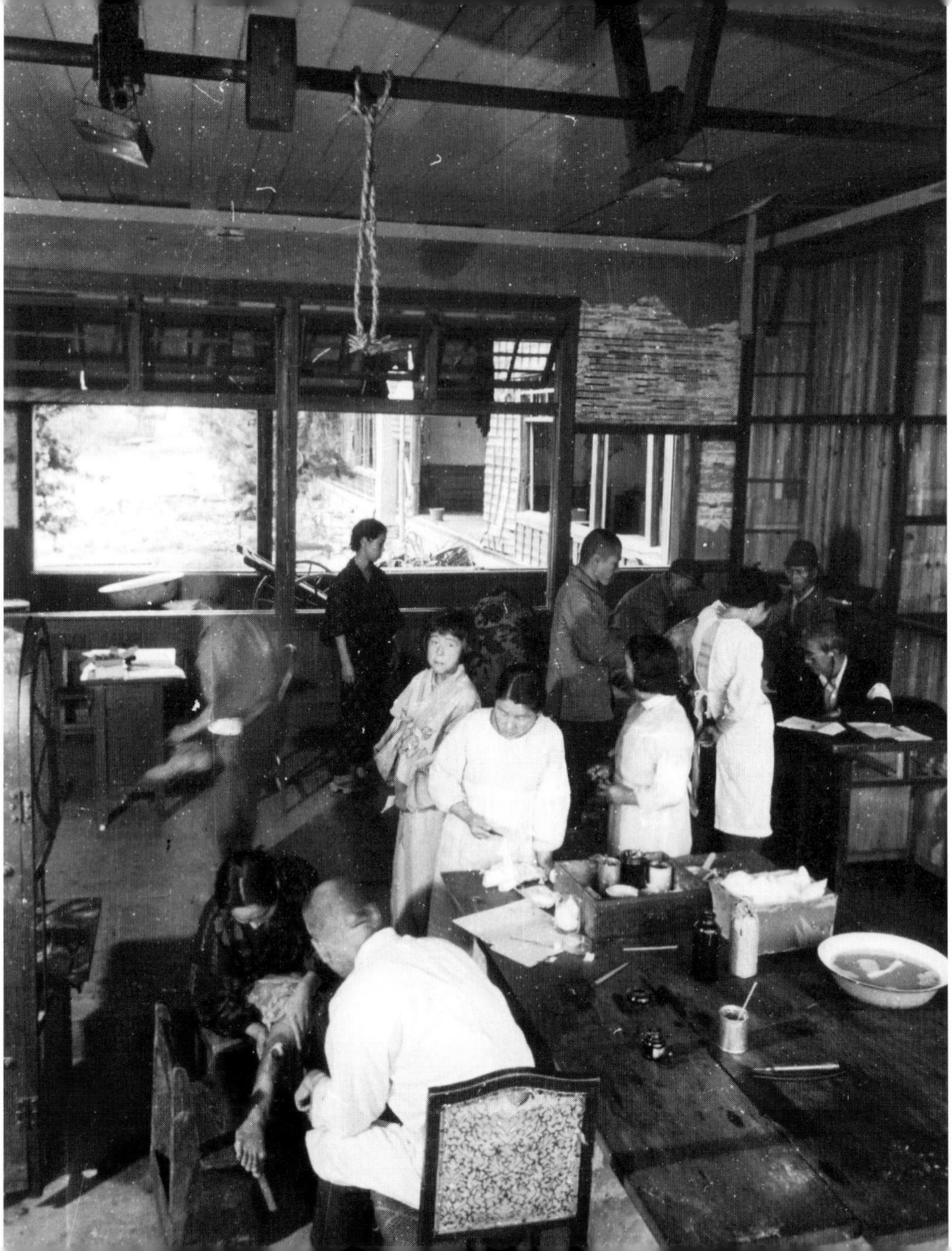

103

【救護所の閉鎖後も続けられた治療】

戦災被災者は戦時災害保護法により2か月間は無償で治療や食糧・衣料の配給を受けることができた。広島の被爆者にもこの法律が適用され、10月6日以降の治療費は自己負担となった。救護所は閉鎖されたが、治療は大芝国民学校（現広島市立大芝小学校）などで続けられた。

昭和20（1945）年10月／現大芝町

104

【比治山にできた迷子収容所】

8月8日、被爆により家や肉親を失った子どもたちのために、迷子収容所が比治山国民学校（現広島市立比治山小学校）に開設され、孤児となった子どもたちが集団で生活した。

昭和20（1945）年末頃／現上東雲町

弔う

原爆により一瞬にして命を奪われた人々の遺体は膨大な数に上った。負傷し救護所に運ばれた人々も、重度の火傷や外傷のほか放射線が引き起こす深刻な障害により、懸命な看護のかいもなく次々と息を引き取った。そのため、学校の校庭や臨時救護所付近など市内の焼け跡のいたる所が臨時の火葬場となり、付近の遺体が集められて連日火葬が続けられた。約1万人もの被爆者を収容したとされる似島では8月下旬に慰霊祭が行われ、海岸に「千人塚」と記された墓標が立てられた。

【合同葬儀で読まれた弔辞】

被爆から49日めに当たる9月22日、亡くなった人々を弔う合同葬儀が、庚午南町で営まれ、原爆で犠牲になった人々を悼む弔辞が読まれた。
昭和20（1945）年9月22日

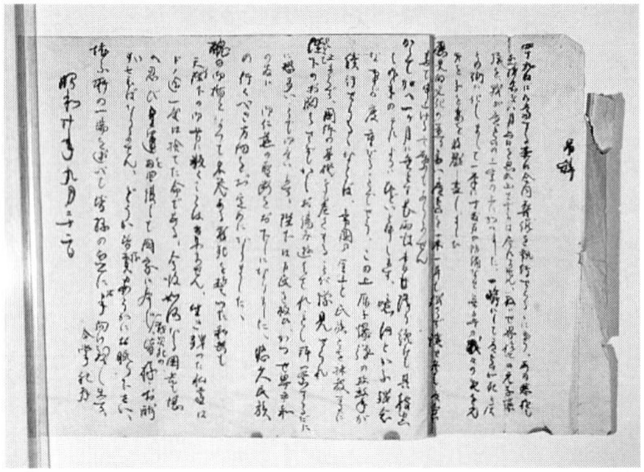
弔辞

105

106

【草津国民学校の校庭で火葬】

臨時救護所となっていた爆心地から4.7kmの草津国民学校（現広島市立草津小学校）には、被爆直後から負傷者が次々と収容され、一時は3千人を超えるほどであった。治療のかいもなく亡くなった人も多く、引き取り手のない遺体は校庭に穴を掘って荼毘に付された。火葬場跡に白い骨片が見える。
昭和20（1945）年10月13日／現草津東町

【似島の海岸に作られた千人塚】

陸軍検疫所のあった似島には、熱線により焼けただれた負傷者が宇品港から次々と船で運ばれ収容され、大勢の人々が亡くなっていった。死者を弔おうと、検疫所の職員による慰霊祭が8月25日頃行われ、「千人塚」と書かれた墓標が海岸に立てられた。左沖合に放置された日本軍の潜水艦が見える。爆心地から約10ｋｍ。

昭和20（１９４５）年10月16日～17日／現似島町

107

Ⅷ 復旧・復興への兆し

壊滅した広島市だが、交通機関の復旧には目を見張るものがあった。軍隊、消防団、警防団によって迅速に道路のがれきが片付けられ、交通機関が動けるようになった。

8月9日には市内電車の己斐～西天満間で片側運行が再開され、10月には己斐～広島駅間が、12月までに全線が復旧した。

鉄道は7日に宇品線が平常運転され、8日には山陽本線の広島～横川間、9日には芸備線が開通した。市内バスも同日、運行が再開された。

水道や電力も迅速に復旧作業が行われた。爆心地から約2kmにあった牛田の浄水場は損傷を受けるものの致命的なダメージを免れた。そのため、被爆当日も断水することなく一部地域に送水が行われ、11日にはほぼ全域に給水が可能となった。

段原変電所も被害はさほど大きくなく、7日には宇品方面へ送電が開始され、8日には広島駅一帯に電灯がついた。その後8月末までに焼け残った家屋の3割へ、11月末には全戸へ送電された。

【市内電車の線路を修復する】
市内電車線路の修復作業は迅速に行われ、被爆から3日後には己斐～西天満間で片側運行が再開され、ひと月後には己斐～八丁堀間と宇品～広電本社前間が運転再開となった。12月には全線が復旧した。爆心地から400m。
昭和20（1945）年10月4日～6日／現紙屋町付近

108

【電車の運行再開に重要な役割を果たした広島電鉄の変電所】 109

広電千田町変電所の旧発電棟(写真右)は、屋根が爆風によりはぎ取られたが、倒壊は免れた。このことが、被爆後の速やかな電車の運行再開につながった。爆心地から1.92km。
昭和20(1945)年11月頃／現東千田町2丁目

110

【切符を買うため窓口にやってきた人々】

被爆により構内が大きな被害を受けた広島駅では、駅舎前に急ごしらえの事務室ができた。人々が切符を買おうと、大雑把に行き先が示された窓口に集まっている。爆心地から約1・9km。

昭和20(1945)年10月11日〜20日／現広島駅付近

111

【広島駅につくられた仮設の改札口】
鉄道も、翌日には一部路線が復旧し、車両と石炭の不足で運行数は少ないものの、秋には全ての路線が開通した。広島駅の駅舎の西側に仮設された改札口には、列車の発車時刻と乗り場を示す札が掛けられた。
昭和20（1945）年10月11日～20日／現広島駅

【列車を待つ人であふれそうなプラットホーム】
ホームは下りの列車を待つ人で埋め尽くされている。広島に動員されていた兵士たちは、9～10月にかけて復員していった。写真手前が上り方向。
昭和20（1945）年10月11日～20日／現広島駅付近

112

【乗車券を求める人で混雑する広島駅前】 113

鉄道復旧後も石炭不足のため、列車の便数は少なかった。一般客よりも復員兵や引揚者が優先されたため、駅には切符を手に入れようとする人々が列をなした。
昭和20（1945）年秋／現広島駅付近

日常の回復

街は廃墟となり多数の死傷者を出した原爆の被害は非常に深刻なものであったが、人々は生きるための歩みを続けていく。

原爆投下の数日後には、がれきの街に焼け残ったり壊れたりした家の廃材を集めてバラックが建ちはじめ、広島駅前、己斐、宇品など人の集まりやすい所にはヤミ市が出現した。

生活は苦しかったが、娯楽・文化に対する人々の欲求も芽生え、10月中旬には己斐町（現己斐本町）で復興祭りが行われ、入場無料の演芸会や餅の代わりの柿まきなどで、復興の機運を高めた。

11月には中国配電（現中国電力本店）で映画の上映会も行われた。

学校の再開も日常を取り戻すための大きな鍵となった。

9月には県から学校再開の指示があり、学童疎開していた子どもたちが帰広。焼け跡での青空教室や焼け残った建物を利用しての授業が始まった。

114

【復興の旗】

人々は生活を取り戻そうと、毎日を懸命に生きた。焼け跡には「復興」への願いを込めて、旗が立てられた。

昭和20(1945)年

115

【横川駅周辺にバラックが出現】

10月頃には、横川駅から東方面の三篠橋に至るまでの道沿い（現城北通り）に、がれきや廃材を使って建てられたバラックが数多く見られた。市中心部よりも周辺部の復興が早かった。爆心地から1・7km。

昭和20（1945）年10月／現横川駅前から東方を望む

【教室が診療所となった袋町国民学校】

爆心地から460mの袋町国民学校（現広島市立袋町小学校）は、爆風と熱線により外郭のみを残し内部は破壊された。しかし、被爆数日後には救護所となり、校舎の階段下の空間が診療室となった。自らも被爆した医師らも、体調不良をかかえながら治療に当たった。重症患者は蚊帳を吊って入院させた。

昭和20（1945）年10月5日〜6日／現袋町

117

【修復工事が始まった広島赤十字病院】 116

爆心地から約1.5kmの広島赤十字病院（現広島赤十字・原爆病院）は辛うじて焼失は免れたが、爆風で窓ガラスや鉄製の窓枠、内部にも大きな被害を受け、治療器具や医薬品も多くが破壊焼失した。9月から修復工事が始まったが、窓枠は曲がりガラスは粉々になったままである。爆心地から約1.5km。

昭和20（1945）年10月5日〜6日／現広島赤十字・原爆病院

【荷車に乗って広島赤十字病院に通院】 118

火傷の治療を終え、広島赤十字病院（現広島赤十字・原爆病院前）前の電車通りを帰る被災者と家族。重度の火傷で歩けない被災者を荷車に乗せて、家族は毎日通院した。爆心地から約1.5km。

昭和20（1945）年10月4日／現広島赤十字・原爆病院前の電車通り／現千田町

119

【被爆から2か月後の紙屋町交差点】

被爆から2か月経つと、道をふさいでいたがれきが脇に片付けられ、道路を歩けるようになり、市内電車も運行できるようになっている。写真左の建物から芸備銀行（現広島銀行）本店、住友銀行（現三井住友銀行）広島支店、安田生命広島支店など。
昭和20（1945）年10月4日～6日／現紙屋町交差点から南を望む

120

【廃墟の中から立ち上がる】

被爆から間もない8月中旬の山口町（現銀山町）付近。町は廃墟と化してしまったが、道のがれきが取り除かれ、人々の歩く姿が見られる。爆心地から1・18km。
昭和20（1945）年8月中旬／現銀山町付近

【子どもたちとアメリカ兵】

相生橋の上でアメリカ兵の乗ったジープを取り巻き、ガムをもらう子どもたち。原爆で街が壊滅という厳しい状況におかれても、子どもたちはたくましかった。

昭和20（1945）年11月／現相生橋

121

【スコップを担ぎ横川橋を渡る中学生】

横川橋を渡るのは、がれきの片付けに向かうと思われるスコップを担いだ中学生たち。中央奥の建物は広島市信用組合本部。爆心地から約1・3km。

昭和20（1945）年秋／現横川橋中ほどから北を望む

122

【生ビール立飲所にできた行列】 123

10月半ば、生ビール立飲所の看板を掲げた木造建物の前にできた行列。立飲所は広島駅や横川駅など市内数か所に造られ、午前と午後の各1時間、生ビールが売られた。

昭和20（1945）年10月11日～20日／場所不明

124

【中国配電で映画の上映会】

11月、小町の中国配電（現中国電力本店）で、映画の上映会が催され、子どもから大人まで多くの人が集まった。爆心地から680m。

昭和20（1945）年11月／現小町　中国電力本店前

125

【鉢巻き姿で俵みこしを担ぐ若い衆】

己斐町の復興祭には地区の若者たちも大勢参加し、五穀豊穣を感謝して神社に奉納する俵をのせたみこしを担いだ。
昭和20(1945)年10月19日／現己斐本町

【熱気あふれる己斐町の復興祭俵もみ】

10月19日、己斐町の秋祭りに合わせて中国復興財団が復興祭を主催。演芸会や柿まきなどが行われ、みこしを担いで賑やかに町を練り歩く俵もみには、復興にかける人々の熱気があふれていた。爆心地から約3.2km。
昭和20(1945)年10月19日／現己斐本町

126

127

【復興祭の演芸会で熱唱】

10月19日に己斐町で中国復興財団が催した復興祭では、入場無料の演芸会も開かれた。仮設の舞台ではさまざまな出し物が演じられ、人々は被爆後の厳しい日常をひと時忘れて楽しんだ。

昭和20（1945）年10月19日／現己斐本町1丁目

【安田高等女学校の生徒が倒壊建物を片付ける】

校舎が全壊した安田高等女学校(現安田女子中学校・高等学校)は、9月から他施設を利用しての授業再開となった。新たな校地に白島北町の工兵隊跡地使用の内諾を得て、翌年に現在地に移転した。写真は工兵隊跡地で倒壊した建物を片付ける同校の女生徒たち。

昭和20(1945)~21(1946)年/現白島北町

131

129

【被爆前の正門と本館】

県立広島工業学校(現県立広島工業高等学校)は、明治30(1897)年に広島県職工学校として創立された。

撮影時期不詳/現県立広島工業高等学校

【県立広島工業学校は「青空教室」で授業再開】

市内の学校は被爆で校舎を失ったところも多く、戦後の授業の再開は困難を伴った。千田町(現広島県情報プラザ)にあった県立広島工業学校(現県立広島工業高等学校)も校舎の被害が大きく、屋外での授業再開となった。

昭和20(1945)年/現千田町

128

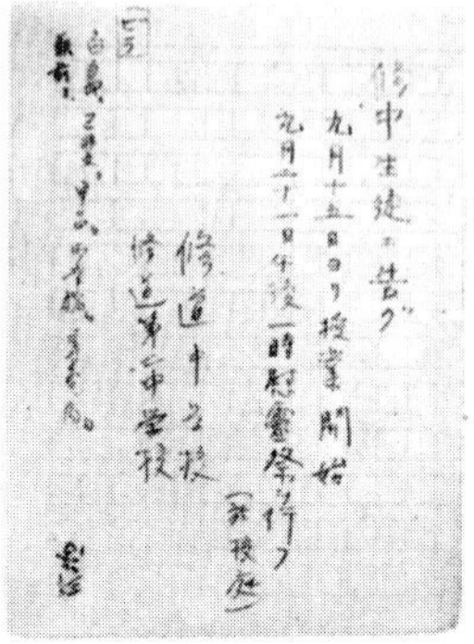

【ビラで修道中学授業再開と慰霊祭を知らせる】

8月15日に終戦を迎えて学徒動員が解除され、学校の復旧が始まった。写真はビラの下書きで、修道中学校の9月15日の授業再開と原爆犠牲者の慰霊祭の日程が記されている。左に「白島、己斐、宇品、御幸橋、専売局」と書かれており、各所に張り出されたと推測される。

昭和20(1945)年

130

【牛田仮校舎前に整列した広島女学院高等女学部の全校生】 132

広島女学院(現広島女学院中学・高等学校)は、原爆により生徒・教職員330余人の犠牲者を出し、校舎・施設の全てを失ったが、牛田の校地(現広島女学院大学キャンパス)に仮校舎を建てた。2年後には現在地(上幟町)に仮校舎と講堂、寄宿舎を建て、牛田の校地から復帰した。写真は牛田仮校舎校庭に整列した広島女学院高等女学部の全校生。

昭和21(1946)年/現広島女学院大学キャンパス

133

【広島湾に放置された日本軍の潜水艦】

敗戦後の9月から昭和27（1952）年まで、日本は連合国の占領下におかれた。中国地方でも9月に米軍先遣隊が呉に入市、10月には宇品、海田市、呉、広などに進駐した。使われなくなった日本軍の潜水艦は似島周辺に放置されていた。爆心地から約10ｋｍ。

昭和20（1945）年10月16日～17日／現似島付近

134

【枕崎台風の土石流で倒壊した陸軍病院】

復興の兆しが見えはじめた矢先の9月17日、非常に勢力の強い枕崎台風が広島を直撃。大雨による洪水や山崩れで死者・行方不明者約2千人を出し、鉄道や道路なども大打撃を受けた。原爆で都市機能がマヒしていた広島では、諸機関の復旧が十分でなかったため、台風の情報が市民に届かず、大きな被害を出した。

近郊の佐伯郡大野村にあった陸軍病院は土石流に襲われ、入院中の被爆者や、ここを拠点にしていた京都帝国大学原爆災害総合研究調査班の班員ら約200人が亡くなった。

昭和20（1945）年10月14日／現廿日市市大野

Ⅸ 被爆調査

被爆直後、広島近辺の軍の機関は、新型兵器の威力を知り、対策を立てるために迅速に調査を始めた。

政府や大本営は調査団を急きょ広島へ派遣し、陸海軍も軍医や、東京・京都・大阪・九州などの帝国大学、広島文理科大学などのさまざまな分野の研究者らで構成する調査団を次々と派遣した。

大本営調査団は８月10日に陸海軍合同検討会を開き、原子爆弾であることを確認したが、国民にその事実を公表したのは終戦の前日だった。

入市した調査団の多くは、15日の終戦により混乱する中でも調査を続けた。

東京帝国大学医学部の都築正男博士らは治療対策を含む学術調査を行い、細胞や造血臓器の破壊、免疫機能低下による障害など、原爆の放射線がもたらす影響についても明らかにした。

だが、連合国最高司令官総司令部（ＧＨＱ）の指令により、調査結果や研究の公表は事前に許可を取ることが要請され、それは講和条約発効の昭和27（１９５２）年まで続いた。

【原子爆弾災害調査研究特別委員会の調査団による被爆調査】

９月14日、原爆の被害を総合的に調査するため「原子爆弾災害調査研究特別委員会」の設置を文部省が決定し、物理・化学・地学、医学など９分科会が設けられ、ほどなく、さまざまな分野の研究者たちが調査を開始した。調査研究結果は、昭和26（１９５１）年「原子爆弾災害調査報告書総括編」、昭和28（１９５３）年「原子爆弾災害調査報告集」として発行された。
昭和20（１９４５）年10月／現基町付近

135

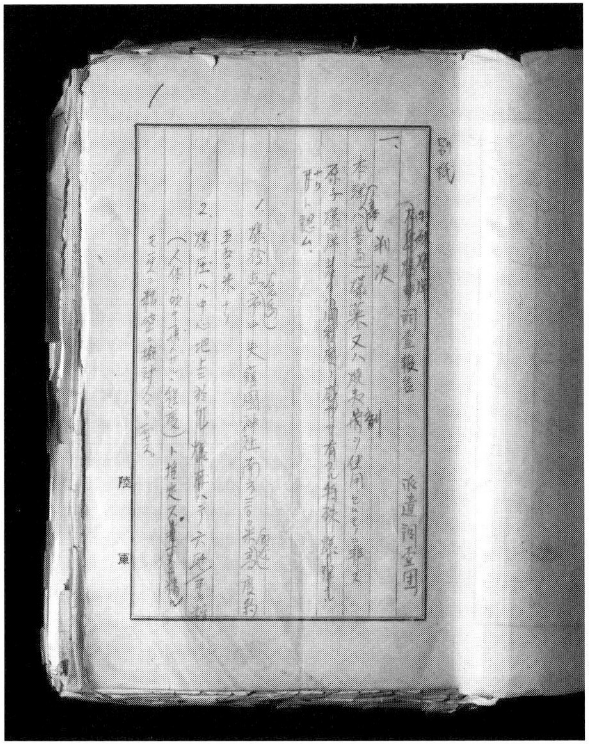

136

「原子爆弾ナリト認ム」と記された8月7日付報告案】

8月10日、大本営調査団主催の陸海軍合同検討会が開催され、軍の各機関の調査結果やレントゲンフィルム感光の事実などから、原爆であるとの結論が出された。検討会での報告書の草案には「原子爆弾ナリト認ム」と記されていた。この結論がポツダム宣言受諾の決定、終戦の勅書につながっていく。
昭和20(1945)年8月

【爆心地付近の放射線を測定する理化学研究所研究員らを撮影】 137

「原子爆弾災害調査研究特別委員会」の調査活動の一環として、被爆の実態を客観的・科学的に記録するため、映画製作が進められた。写真は、10月に爆心地付近の放射線を測定している理化学研究所研究員らの様子を撮影(左の2人)している。

昭和20(1945)年10月／現平和記念公園

138

【放射線を測定する物理・化学・地学科会班の調査員】

10月6日、調査団の物理・化学・地学科会班の調査員らが、爆心地付近の放射線を測定している。
昭和20（1945）年10月6日／現平和記念公園

140

【日米合同調査団の医師による被爆者の検診】

9月下旬、米国からの医学面での協力要請により日米合同調査団が結成された。10月中旬に来広した合同調査団の広島班は、広島第一陸軍病院宇品分院を拠点として調査を始めた。写真は11月7日に宇品の広島鉄道局仮家屋で行われた被爆者の検診。
昭和20（1945）年11月7日／現宇品

139

【爆心地のミミズを採取する生物学科会班】

9月26日、爆心地のミミズを採取する研究者。
昭和20（1945）年9月26日／場所不明

＊本書の編集にあたり、広島平和記念資料館、広島市公文書館をはじめ、関係各団体、個人の皆さまに写真の提供で、ご協力をいただきました。また、広島平和記念資料館発行の「広島、1945」をはじめとする企画展冊子、および多数の文献を参考にしました。厚くお礼を申し上げます。

執筆／桂 寿美江
装幀／木原 実行　西山 弘三
本文デザイン・DTP／アルバデザイン
編集／西元 俊典

広島、1945

2012年8月6日　初版第1刷発行

編・著　南々社編集部
発行者　西元 俊典
発行所　有限会社 南々社
広島市東区山根町27−2　〒732-0048
電話　082-261-8243
FAX　082-261-8647
振替　01330-0-62498

印刷製本所　株式会社 秀巧堂クリエイト

ISBN978-4-86489-000-7

写真撮影者・所蔵先・提供先

1 48 49 64 132 広島女学院歴史資料館所蔵　2 5 77 87 135 137 138 139 141 林重男氏撮影／広島平和記念資料館提供
3 7 8 24 25 27 39 40 52 55 広島市公文書館提供　4 11 西明子氏提供
6 74 79 82 92 94 岸田貢宜氏撮影／岸田哲平氏提供　9 平林政行氏撮影／平林昇氏所蔵／広島市文化振興課提供
10 野口巌氏提供　12 51 140 広島大学原爆放射線医科学研究所提供　13 栗栖昭夫氏所蔵／広島市文化振興課提供
14 多田良子氏提供　15 神田学氏提供　16 天城吉子氏提供　17 三田茂提供
18 19 20 21 22 26 28 29 30 31 32 33 34 35 38 43 44 45 50 53 渡邊襄氏撮影
23 54 広島市立中央図書館提供　36 マツダ株式会社提供　37 46 62 広島大学文書館所蔵
41 広島県立広島観音高等学校所蔵　42 広島県立広島国泰寺高等学校所蔵　47 末友智子氏提供
56 紀伊久太郎氏提供　57 濱田義雄氏画／広島平和記念資料館提供　58 影山智洋氏提供　59 60 山之上弘子氏提供
61 松野妙子氏寄贈／広島平和記念資料館所蔵　63 宮脇寅雄氏撮影／新祖令呼氏提供　65 蔭田政子氏提供
66 128 129 広島県立広島工業高等学校同窓会提供　67 131 安田学園所蔵
68 70 72 109 米軍撮影／広島平和記念資料館提供　69 75 113 122 佐々木雄一郎氏撮影／塩浦雄悟氏提供
71 木村権一氏撮影／広島原爆被災撮影者の会提供　73 78 尾木正己氏撮影／広島原爆被災撮影者の会提供
76 中田左都男氏撮影　80 81 104 川本俊雄氏撮影／広島原爆被災撮影者の会提供
83 93 95 101 120 川原四儀氏撮影／広島原爆被災撮影者の会提供
84 85 102 103 106 107 108 110 111 112 115 116 117 118 119 123 125 126 127 133 134 菊池俊吉氏撮影／菊池徳子氏提供
86 久行忠氏寄贈／広島平和記念資料館所蔵　88 朝日新聞社提供　89 中国新聞社提供
90 増田暁美氏寄贈／広島平和記念資料館所蔵　91 松重三男氏撮影／広島原爆被災撮影者の会提供
96 98 陸軍船舶司令部写真班撮影／御園生圭輔氏寄贈　97 峯本哲一氏寄贈／広島平和記念資料館所蔵
99 陸軍船舶司令部写真班撮影／広島原爆被災撮影者の会提供　100 川原四儀氏撮影／広島原爆障害対策協議会提供
105 安光覚遊氏寄贈／広島平和記念資料館所蔵　114 小原泰治氏寄贈／広島平和記念資料館所蔵
121 124 H.J.ピーターソン氏撮影　130 修道学園提供　136 新妻清一氏寄贈／広島平和記念資料館所蔵　142 大西正夫氏提供